MÉMOIRE

Pour Adolphe-Thomas LACAN, ancien Avocat à Paris, Président du Tribunal civil de Clamecy, département de la Nièvre.

Je me plains de débats engagés dans la Cour royale de Bourges.

Sans autre exorde, voici mon exposé.

J'ai consacré à Paris dix ans de ma jeunesse à l'étude des lois.

Depuis 1787 jusqu'en 1806, c'est-à-dire pendant environ vingt ans, j'ai suivi la carrière du barreau; dans le cours de la révolution, je n'ai exercé d'autre état que celui d'avocat.

J'ai sous les yeux d'assez nombreux papiers que j'ai orgueilleusement intitulés *Papiers d'honneur à conserver dans ma famille.*

Pendant l'exercice de ma profession d'avocat dans la capitale, jusqu'en 1806, j'ai constamment joui de la tranquillité que procure une conduite régulière et honorable.

Au mois de janvier 1806, j'ai été installé dans mon pays natal en qualité de président.

Je n'étais pas connu de la Cour de Bourges, ni je n'avais l'honneur de la connaître; je n'étais donc pas présenté par elle au nombre des candidats à la présidence.

Quoi qu'il en soit, me voilà en possession d'une magistrature qu'ingénument je croyais qui ressemblait à celle de l'ancien régime, sauf le Palais-de-Justice dont le mauvais et déplorable état attestait l'incurie et les vestiges du temps destructeur : je commente un peu cet article qui est un prétexte pour se plaindre de moi, et un motif pour moi de me plaindre des autres.

En effet, tout Clamecy, tout l'arrondissement et particulièrement M. le premier président de la Cour royale de Bourges, savent que deux fois il y a eu impérieuse nécessité de donner au tribunal de Clamecy un local qui a exigé plus de 2,000 fr. d'avances faites par les avoués ; je puis à ce sujet citer deux arrêtés de ce même tribunal, pris les 20 juillet 1811 et 27 août 1815, qui d'un côté déposent contre l'indifférence des administrations, et de l'autre attestent une attention de dignité pour ce qui est relatif à un prétoire. Ces deux arrêtés feront suite à mon mémoire afin d'écarter toute espèce d'erreur. Je puis aussi, au même sujet, citer notamment trois lettres, dont une du 24 mai 1806, de M. Forest, procureur général ; et deux des 27 juin 1808 et 22 juillet 1811, de M. Sallé de Choux, premier président.

Après mon installation, et apportant avec moi les traditions de la capitale, le 23 août 1806, me voilà tout à coup récusé par M. Allix, général en Westphalie, maintenant lieutenant-général dans les armées du Roi. Cette récusation était de même dirigée contre M. Hereau, juge suppléant, son oncle, avec lequel il était engagé dans un fameux procès que, par malveillance, il voulait en quelque sorte rendre commun avec moi.

Du 27 janvier 1807, jugement qui rejette cette récusation.

Cependant M. Hereau et moi nous l'agréons.

Arrêt de la Cour de Bourges, qui l'admet et nous condamne aux dépens.

Condamner des juges aux dépens !...

Du 13 novembre 1809, arrêt de la Cour de cassation qui casse l'arrêt de Bourges.

En 1806, M. Thomas, dont les dénonciations sont journalières, fait imprimer un arrêt de Bourges ; il m'en adresse un exemplaire avec note manuscrite, portant ces mots : « *Arrêt qui déclare indé-*

» *cente la rédaction acerbe du jugement du tribunal de Clamecy.* »

Je me plains de cet outrage à M. Sallé de Choux, premier président, qui abandonne le président et le magistrat à sa propre dignité.

En 1808, il s'agit de savoir s'il y a des distinctions à mon tribunal entre les avoués licenciés et non licenciés ; aussitôt M. Sallé de Choux, premier président, prenant l'initiative, m'écrit à ce sujet une lettre fâcheuse.

En 1810, autre affaire émanée de la Cour de Bourges : il s'agissait tout simplement de l'ordre d'un bien assez considérable, provenant de la vente de la terre dite des Eaux-Bues ; M. Barbier Grandpré, alors juge, était chargé de cet ordre. Par l'événement d'un appel, arrêt de Bourges qui flétrit le jugement de ce magistrat, au point que le 15 juin de la même année 1810, j'ai cru devoir consciencieusement en rédiger un rapport.

Précédemment, une autre affaire a paru ; elle a paru sous le nom d'un sieur Guillier de Vézelai, et sur ses dénonciations au ministère de la justice, à la chambre des Pairs, à celle des Députés, à la Cour de Bourges, etc. Par ordre du ministre, tout a été examiné *in globo*, juges, procureur du roi, greffiers, avocats, avoués, huissiers ; pour toute justice, il a été répondu à mes sollicitations, que le ministère de la justice, le procureur général et la Cour étaient contens.

En 1807, autre affaire.

M. Chevalier Lagenissière, inspecteur forestier, fait un outrage à mes fonctions ; la loi me venge.

Cependant la Cour de Bourges permet une prise à partie contre moi.

Grand procès sur un point d'honneur : défendu pour moi, par M. Roi, avocat, image vivante des succès qu'obtiennent les grandes qualités, et les grands talens.

Du 19 août 1807, arrêt de la Cour de Paris, qui déboute de la prise à partie, condamne le demandeur à 500 fr. d'amende.

Ordonne la suppression des termes injurieux répandus dans ses requêtes.

Le condamne par corps, à 1,000 fr. de dommages et intérêts;

Et ordonne qu'à ses frais, le présent arrêt sera imprimé au nombre de 200 exemplaires, et affiché au nombre de 100 (à Bourges).

J'ai donné les 1000 fr. à l'Hôtel-Dieu de Clamecy, et je n'ai point fait afficher à Bourges.

Pourvoi à la Cour de Cassation qui l'a rejeté.

Voici une autre circonstance.

En 1807, lettre de M. le premier président de la Cour de Bourges, motivée sur un sénatus-consulte qui avait pour objet une épuration parmi les juges.

Du 7 novembre de la même année, réponse de ma part : M. le premier président a dû l'envoyer, et elle doit se trouver dans les cartons du ministère de la justice; je suis jaloux qu'elle soit lue et connue dans ce moment surtout, où l'on veut mettre sur mon compte les actions d'autrui.

Cette réponse exprime ma sollicitude, déjà à cette époque sur les taxes et sur les personnes.

Avant de citer une autre affaire, il convient de dire qu'il a été, qu'il est, et qu'il sera encore long-temps question des avoués, des huissiers, et généralement des gens attachés à la justice, sous le rapport des procédures et des frais; quoique cependant à côté de cet article on devrait aussi noter les tarifs, les déboursés et les avances, qui sont considérables.

Toutefois, parmi les avoués du tribunal de Clamecy, le sieur Quenisset, avoué, mon neveu, qui y a été introduit comme partout ailleurs on introduit des fils, des gendres, et des neveux de juges, après avoir travaillé pendant 16 ans, vient de cesser ses exercices.

Pour cette même cause, précisément parce que le sieur Quenisset est mon neveu, est-on autorisé à me tracasser? Je reprends le fil de mon narré.

Le 17 août 1814, jugement du tribunal de Clamecy, contre M⁰ Bouquerot, fils de M. Bouquerot, juge-suppléant à Clamecy, et neveu de M. Bouquerot de Voligny, président, dans un arrêt de Bourges rendu le 14 août 1821, et relatif à M⁰ Quenisset ; jugement qui suspend M⁰ Bouquerot de ses fonctions pendant un mois, pour cause, etc. Je ne donne le souvenir de cette affaire, que pour réfuter le reproche d'insurveillance qui m'est fait par la Cour de Bourges.

Mais le 15 février 1815, arrêt de cette Cour qui infirme le jugement, la suspension et la surveillance ; avec affiche au nombre de 500 exemplaires.

En 1814, le sieur Boulu, autre avoué, distribue un mémoire tissu d'injures contre ma place et mes fonctions.

Le 28 mai 1816, arrêt de la Cour de cassation qui supprime ce mémoire.

Je franchis des espaces remplis de particularités, et surtout des témoignages de mon zèle, pour citer encore une circonstance qui touche le même avoué.

En 1820, cet avoué personnellement porte contre moi une récusation ; elle est rejetée.

Le 20 juillet 1820, arrêt de la cour royale de Bourges qui l'admet avec des expressions telles que l'avoué a pu faire la loi au président ; ou en tout cas, que l'autorité légale du magistrat a pu être sensiblement affaiblie.

Cependant, au milieu de ces divers exemples, que je ne donne que comme échantillon, s'il m'est permis de m'exprimer ainsi de ma situation, je n'ai cessé par la correspondance et par mes actions, de rechercher la confiance de la Cour royale de Bourges, et celle du Ministère de la Justice.

A peine M. de Peyronnet a-t-il été arrivé dans cette Cour

comme procureur général que je me suis empressé de m'en faire connaître, sous le rapport de mon imperturbable attachement aux principes, de ma profonde considération pour la magistrature, et d'une réputation que personne ne voudrait désavouer. M. le procureur général m'a quelquefois entendu, et des personnes bienveillantes souvent l'ont entretenu de mon caractère, de mes intentions, et de mes sentimens naturellement portés vers le bien, ou tout au moins vers l'envie et la bonne volonté d'y concourir. Je ne crois donc pas possible que le premier magistrat dans l'ordre judiciaire ait, à mon sujet, une opinion formée sur des préjugés, des préventions, et peut-être plus que cela, sur une opinion qui pourrait résulter de l'amalgame dangereux pour les juges, d'avoués, et d'avocats alliés avec ces mêmes juges aux degrés de neveux, de fils et de gendres, amalgame dont je me suis constamment plaint.

C'est de cette situation que naissent d'importans procès.

D'abord un procès pour le sieur Quenisset, auquel j'ai cru ne devoir prendre aucune part directement, ni indirectement.

Ensuite un procès avec MM. les président et juges du tribunal civil de Clamecy; et quel est le sujet de ce procès? l'assertion qu'il y a des erreurs et des irrégularités dans les taxes des frais et dépens.

Pour des erreurs et des irrégularités dans les taxes :

Premièrement, sur les conclusions de M. Torchon, premier avocat général à la Cour royale de Bourges, le 4 août 1821, a été rendu un arrêt 400 fois placardé, portant ces mots : *La facilité, la complaisance, l'insouciance du juge taxateur, la longue complaisance, pour ne pas dire plus, des juges taxateurs composant le tribunal de Clamecy, s'oppose*, etc. *Le tout dans une affaire particulière, intéressant le sieur Quenisset, avoué; une demoiselle Lardemelle, et un sieur Desnoyer.*

J'ai demandé pourquoi on n'avait pas nommé M. Née de Veaux, comme étant le juge taxateur,

Et pourquoi on avait parlé ainsi dans 400 placards des juges de Clamecy, sans les avoir entendus ?

J'ai cru pouvoir, et devoir faire des protestations, les 21, 27 et 30 août 1821.

Le 22 octobre, j'ai réclamé au Ministère de la Justice.

Le 24 j'ai réclamé à la Cour royale de Bourges, et le 19 novembre j'ai réclamé à la Cour de cassation, en adressant les pièces nécessaires à M. le procureur général près cette Cour, qui en est saisi.

Secondement, sur l'assertion des mêmes erreurs et irrégularités dans les taxes, et sur d'autres conclusions de M. Torchon, premier avocat général, qui annonce un précédent réquisitoire du 14 novembre, un référé, fait par la Cour le 23 à monseigneur le Garde des sceaux, et des instructions de son Excellence transmises le 15 janvier, et par suite de l'arrêt du 4 août, et de ce qui l'avait précédé; le 23 février 1822, la Cour royale de Bourges a rendu un arrêt portant que le président du tribunal de Clamecy serait cité devant les chambres assemblées pour le jeudi 14 mars; que M. Née de Veaux serait cité pour le jeudi 21, et que M. Cassard, autre juge, serait cité pour le jeudi 28, et que les citations ayant pour objet des peines de discipline, seraient données par huissier.

En effet, elles ont été données par un huissier audiencier du tribunal de Clamecy, aux regards des justiciables et du public.

Les trois juges ont déféré; ils se sont successivement rendus à la Cour.

En mon particulier, le jeudi 14, jour indiqué, j'ai lu et déposé le mémoire suivant :

Nota. L'arrêt du 4 août, 400 fois affiché,

La sommation de l'huissier, enregistrée à Clamecy, publiquement connue,

Le bruit qu'elle a occasioné,

Le spectacle de trois juges se succédant pendant un mois l'un à l'autre,

Les regards et les discours qui ont accompagné ces démarches,

Les avis que j'ai reçus sur l'influence de la mesure dirigée contre ma personne et ma place, tout me force et m'autorise à me défendre.

MÉMOIRE LU ET DÉPOSÉ A LA COUR.

« Messieurs,

» Sur l'objet de la taxe des juges du tribunal de Clamecy,
» placardé au moins quatre cents fois, je vous supplie d'écouter
» mes argumens, mes raisons et observations, avec cette jus-
» tice, cette bienveillance inséparables d'une Cour royale, et qui
» sont d'ailleurs nécessaires à mon titre. Après les argumens que
» je vais présenter dans toute la modestie d'un magistrat qui pense
» devoir toujours acquérir en science et en connaissances, vien-
» dront les raisons et observations.

» J'estime que les jugemens et les actes du ministère des juges,
» fondés sur les lois, ne peuvent être attaqués que dans les formes
» légales : ce principe est élémentaire, et je croirais, Messieurs,
» vous manquer si, en étendant mon idée, j'avais l'air de le mettre
» en doute.

» Je me permettrai moins encore de remonter à votre propre

» dignité et à votre indépendance, que les juges qu'il serait loi-
» sible de déconsidérer et d'avilir en les personnifiant à l'occasion
» des actes de leur ministère, seraient les plus malheureux des
» hommes.

» Des taxes faites en vertu des pouvoirs conférés par la loi, et
» des exécutoires de dépens décernés au nom de tout un tribunal,
» n'ont-ils pas le même caractère que les jugemens?

» J'estime, Messieurs, qu'il n'y a pas de différence : toutes
» les dispositions du décret du 16 février 1807, concernant les
» frais et dépens, m'autorisent au moins à le penser ainsi.

» Ici, une objection se présente naturellement : le juge taxateur
» peut avoir été trompé, ou s'être trompé lui-même.

» La même objection s'applique aux jugemens.

» Or, pour les jugemens, c'est des appels ou autres voies lé-
» gales.

» Et pour les taxes et les exécutoires, le remède est dans
» l'article 6 du décret relatif au tarif, il faut appeler du juge
» taxateur à son tribunal qui seul est compétent, ou pour con-
» firmer la taxe, ou pour en rectifier les erreurs.

» La similitude entre les jugemens et les taxes est donc parfaite.

» Je soumets, Messieurs, cette première argumentation à vos
» lumières.

» Mais, indépendamment du remède indiqué par l'article 6
» du décret du 16 février 1807, les juges peuvent-ils être per-
» sonnellement attaqués pour des erreurs et des irrégularités
» dans les taxes?

» Vous savez, Messieurs, combien est laborieuse et pénible,
» à bien des égards, la condition du magistrat; aussi tous les
» législateurs ont-ils pris à tâche de la rendre inviolable et res-
» pectable, en bornant à un petit nombre de cas les actions
» que l'on peut diriger contre eux, le déni de justice, la pré-

» varication ou la forfaiture strictement : je n'en connais pas
» d'autres.

» Hors ces cas, des réglemens pour la police et la discipline
» des Cours et tribunaux, veillent sur le personnel des magis-
» trats, c'est-à-dire sur leurs mœurs, leur tenue et leur conduite.

» Ces mêmes réglemens sont-ils applicables à des erreurs ou à
» des taxes irrégulières ?

» L'article 49 de la loi du 20 avril 1810, n'inflige de peine
» qu'*au juge qui compromettra la dignité de son caractère.*

« Si je ne me trompe, j'entends par compromettre la dignité
» de son caractère, un manquement envers soi-même, envers la
» société et la magistrature, sous le rapport des mœurs et de la
» vie privée; d'ailleurs, vous avez cette définition dans la cir-
» culaire de monseigneur le Garde des sceaux, du 12 décembre
» 1821.

» Je n'aperçois donc pas d'offense à la dignité du juge, dans
» des erreurs et des irrégularités de taxes.

» Sur cette seconde argumentation, je m'en rapporte encore,
» Messieurs, à des lumières supérieures aux miennes.

» Cependant, profondément pénétré de la sainteté, pour ainsi
» dire, du ministère des juges, je crois qu'il est de leur devoir de
» s'avertir mutuellement de leurs erreurs. Souvent les officiers
» ministériels sont trompeurs, et les justiciables sont trompés dans
» leur bonne foi, leur ignorance, et dans l'impossibilité de récla-
» mer justice ; alors le juge ne peut être trop zélé pour les secou-
» rir : mais cette partie de la justice ne doit s'exercer que pater-
» nellement, et d'une manière officieuse, ainsi que je l'ai cons-
» tamment pratiqué ; et ne penserez-vous pas, Messieurs, que
» l'état des juges serait aggravé, si des obligations purement offi-
» cieuses dégénéraient en prises à parties, en procès criminels,
» correctionnels, en censures et en suspensions à temps? j'aban-
» donne le mérite de cette troisième argumentation, non-seule-

» ment à la haute sagesse qui réside dans une Cour royale, mais
» encore à vos sentimens confraternels et protecteurs envers de
» modestes magistrats.

» Actuellement, voici mes raisons et observations : dans cette
» partie, mon but est de ne parler que pour moi-même, puisque
» chacun est ici appelé pour soi-même et pour ses propres
» taxes. J'ai encore une autre vue, c'est que pouvant me ren-
» fermer dans des argumentations de droit, je veux vous donner
» une preuve entière de ma franchise, de ma sincérité et de mon
» désir qu'il n'y ait jamais à mon sujet la moindre équivoque.

» J'ai parfaitement la mémoire de mes taxes en masse pour les
» officiers ministériels, avoués et huissiers, parce que j'ai toujours
» agi avec le plus d'expérience et de discernement possibles, et
» surtout avec une bonne conscience je vous prie, Messieurs,
» d'en être convaincus.

» Pour les mémoires importans, j'ai eu l'attention d'appeler à
» la taxe les parties intéressées, et de diviser les déboursés d'avec
» les salaires et honoraires.

» J'ai souvenir que dans quelques affaires, j'ai alloué des extra-
» ordinaires; mais sans doute je ne l'ai fait que dans des principes
» d'équité, et remarquez, Messieurs, 1° que ces allocations n'ont
» été accordées que *sans préjudicier aux droits, et sauf les observa-*
» *tions des tiers;* 2° que ces concessions n'ont été faites que condi-
» tionnellement; cela n'a pas été et n'a pu être autrement ; et si,
» à ce sujet, il y a à redire, la faute en est à l'officier ministériel qui
» a reçu, et aux parties qui n'ont pas réclamé. A l'égard du juge,
» aviserez-vous qu'il soit reprochable pour avoir alloué ce qu'il
» croyait équitable, et l'avoir alloué sous condition ? c'est-à-dire
» qu'il n'aurait déterminément rien alloué. Toutefois il est bien
» facile à cet égard d'avoir désormais la tranquillité. Les parties
» s'arrangeront à leur gré, et le juge sera sourd à tout ce qui sera
» étranger au mécanisme du tarif.

» Quant aux taxes en matières sommaires et ordinaires, je suis
» persuadé de les avoir faites régulièrement; au surplus, je ren-
» voie cet article à mes réponses aux avis du ministère public en
» ce qui me concerne.

» Je dois dire que si à Bourges on crie contre les taxes, les
» avoués de Clamecy n'ont pas cessé de crier contre leur prési-
» dent, en fait de taxes; il n'est pas jusqu'aux huissiers qui, pour
» le même fait de taxes, n'aient porté une réclamation au minis-
» tère de la justice, j'en citerai plus bas un exemple.

» A la vérité, pendant un temps, et trop long-temps, les juges
» et les avoués, ceux-ci surtout mécontens de mes taxes, ont pré-
» tendu qu'en vertu de l'article 2 du décret du 16 février 1807,
» concernant les juges taxateurs, on pouvait arbitrairement choisir
» le juge taxateur, sans distribution ni commission du président;
» en ce point il y avait désordre et inconvéniens. Après mes ob-
» servations et remontrances, fatigué d'ailleurs de débats sans
» nombre, mais pourvu de précautions officielles communiquées,
» connues, et n'opérant aucun changement, dites, Messieurs,
» quel était mon pouvoir? Nécessairement il fallait tolérer et souf-
» frir pour ne point interrompre le service et avoir la paix, je dois
» déclarer qu'incontinent cet état de choses a été remplacé par
» la règle que je souhaitais qui fût observée : en ce point, dois-je
» être responsable?

» Je jette un voile épais sur le sieur Quenisset, avoué, dont les
» fonctions ont cessé, et qui n'est pas pour peu de choses dans
» les idées, les préjugés, les préventions du moment : tout ce que
» je dirai à ce sujet, c'est que si on le fait riche, on sait que je ne
» le suis pas, et que la présidence me coûte déjà fort cher.

» Parlerai-je du tribunal de Clamecy, je doute qu'il y en ait un
» plus solidement constitué, avec huit avoués, huit avocats, et en-
» viron trente huissiers, tous soumis à la règle; et qu'il y en ait un
» plus laborieux et plus expéditif. Ce n'est point ici le lieu d'ap-

» précier le mérite de chacun de ses membres, cette estime est
» dans vos consciences et dans votre expérience.

» Trouverai-je enfin un terme aux tribulations qui assiégent con-
» tinuellement mon existence et une place que vous savez qui
» coûte tant de sacrifices ? si les juges sont passibles de toutes les
» plaintes et de toutes les actions, il n'y a pour eux aucune tran-
» quillité possible.

« Ici, je dois franchement vous déférer l'une des causes qui ne
» leur permet pas de se reposer et même de respirer, à moins d'a-
» voir assez de force de caractère pour se mettre au-dessus des
» événemens. Or, cette cause est dans les plaintes et dans les dé-
» nonciations mystérieuses et jamais communiquées, qui circulent
» presque tous les jours dans les bureaux, autour des bureaux,
» dans les parquets des gens du roi, et autour des parquets ;
» plaintes et dénonciations qui finissent toujours par empoisonner
» la réputation la mieux établie.

» Je ne connais les affaires que lorsqu'elles sont en évidence,
» ou qu'elles font du bruit, par conséquent je ne puis ni prévoir,
» ni rien prévenir. C'est ainsi que l'affaire de la demoiselle Lar-
» demelle avec le sieur Quénisset, avoué, et une multitude d'au-
» tres, m'ont été totalement inconnues ; j'ai réclamé à ce sujet au
» ministère de la justice, et je supplie la Cour d'établir ou de réta-
» blir des règles propres à ma tranquillité, et à seconder mes
» vues pour le bien de la justice.

» J'arrive, Messieurs, à l'objet de votre arrêté du 23 février, ou
» en d'autres termes, à l'objet de la sommation qu'un huissier m'a
» apportée, et j'y arrive courageusement au milieu des émotions
» que j'ose vous supplier de partager avec moi. Je me persuade
» même que monsieur l'avocat général finira par apprécier au
» moins ma franchise, et confirmer la réputation d'honneur et
» d'estime dont je fus toujours jaloux.

» Je tranche le mot ; j'entre véritablement dans un combat

» judiciaire pour vous faire penser d'un côté, que les jugemens,
» les taxes, les exécutoires de dépens, et généralement les actes
» du ministère des juges ne peuvent être attaqués que dans les
» formes voulues par la loi, et, d'un autre côté, que les expli-
» cations que je vais donner sont un pur effet de ma déférence et
» de mon respect pour la Cour. Je voudrais que, de tous côtés, l'on
» vît dans ma maison.

» Préliminairement, et après avoir recueilli mes sens et ma
» raison à l'aspect de la forme donnée par M. l'avocat général à
» ses pensées, et à ses réquisitoires, je consulte ma mémoire et
» mon expérience en fait de taxes dans les matières sommaires,
» ordinaires, et sur les référés : c'est sur ces trois points que je
» vais m'expliquer.

» Dans les sommaires, je n'ai dû admettre, et je n'ai admis au
» moins avec bonne intention, que ce que le tarif accordait. Je fais
» remarquer que ce tarif est du 16 février 1807 ; que le 30 mars
» 1808, il a été rendu un autre décret qui a créé, pour les avoués,
» de nouveaux actes de procédure additionnels à ceux prescrits par
« le Code, tels, par exemple, les conclusions, ou la pose des qua-
» lités à l'audience, etc., etc. Les avoués, armés de ce décret, ont
» réclamé peu de chose à la vérité, mais ils ont réclamé. Leur
» était-il dû, leur est-il dû à ce sujet ? J'ai pensé que, postérieu-
» rement au tarif fait pour le Code de procédure civile, il fallait
» que les avoués fissent autre chose en vertu du décret du 30 mars
» 1808 : dans ma conscience et dans ma raison, j'ai donc été d'avis,
» et j'estime encore que pour cette autre chose, il leur était dû
» des droits : c'est ainsi que je les ai alloués. Au surplus décidez,
» Messieurs, mais la bonne foi du magistrat taxateur ne doit pas
» entrer dans ce petit débat.

» Dans les matières ordinaires, mêmes observations.

» Sous le rapport de ces écritures, de ces consultations, droits
» de correspondance, de ceux de taxes alloués aux avoués, de

» leurs vacations et assistances, j'ai dû préalablement examiner le
» fait et la procédure de chaque dossier, c'est sur quoi j'ai toujours
» exercé mon attention, et, soit dit en passant, que l'on ne croie
» pas qu'il soit si facile de taxer! Après cet examen, j'ai dû appli-
» quer, et en effet j'ai appliqué au moins encore avec une bonne
» intention, les articles 68, 75, 90, 92, 141, 145, etc., du tarif.
» En général, j'ai pensé que dans tous les cas où le ministère de
» l'avoué était exercé, il était dû un émolument. Ici je fais deux
» remarques : combien de fois j'ai recommandé aux avoués de pré-
» férer l'emploi du temps à l'emploi des procédures nuisibles, et
» coûteuses souvent par plus de deux tiers de déboursés, ainsi que
» je l'ai noté dans divers arrêtés de taxes! Et combien de fois aussi
» il m'a fallu discuter avec ces mêmes avoués, en refusant des allo-
» cations! Dans cette idée, je prie la Cour de voir ma prudence
» dans les mots relevés par M. l'avocat général : *Sans tirer à con-
» séquence, sauf à vérifier, à justifier, et sauf les observations des
» tiers*, annotés dans quelques articles taxés. M. l'avocat général
» en réfute les conséquences ; je dirai pour toute réponse que ce
» magistrat n'a pas pénétré ma pensée.

» Relativement aux référés, et ne devant pas m'attendre que je
» rendrai compte de mes jugemens, je m'empresse cependant de
» déclarer à la Cour que je n'ai traité cette partie qu'en juge ayant
» la tradition de Paris, en juge fondé sur les lois, en juge conci-
» liateur, et dans le véritable esprit du législateur qui a institué les
» référés. Voyez les motifs de cette institution développés lors de
» la présentation de la loi. Par mes attentions, j'ai souvent pré-
» venu de grandes poursuites pour de petites causes. J'ai aussi non
» moins souvent garanti les gens de la campagne, et les justicia-
» bles, contre les frais, les exploitations des officiers ministériels.
» Mais, au reste, vais-je donc les chercher ces référés? ils ne sont
» pour le président qu'une audience de plus et un surcroît de
» charges.

» Bref, la publicité des taxes déposées au greffe prouve au
» moins que le juge, s'il est trompé, ou s'il s'est trompé lui-même,
» peut être averti de ses erreurs, mais assurément on ne saurait
» lui faire l'injure de dire qu'il est trompeur.

» M. l'avocat général doit avoir des liasses de taxes : mais com-
» ment ont-elles été vérifiées ? qui a distingué les matières som-
» maires des matières ordinaires? ces opérations ont-elles été faites,
» comme pour ce qui me concerne je les ai faites moi-même ;
» c'est-à-dire sur les pièces ? où sont-elles ces pièces? s'agit-il en
» ce moment d'une vérification ? est-il ou sera-t-il facile de me
» démontrer mes propres erreurs ? veut-on me jeter dans un dédale
» d'objets ? qui m'en sortira ?

» Quoi qu'il en soit, je conclus, Messieurs, que si vous avisez de
» supprimer aux avoués des articles qui leur ont été accordés de
» bonne foi, il convient désormais de les renfermer étroitement
» dans les bornes du tarif de 1807, sans égard au décret du 30 mars
» 1808. En mon particulier j'ai été, et je serai constamment dé-
» voué au service de la justice.

» Maintenant, voici ce que je dis sur la nomenclature des faits
» de M. l'avocat général :

» 1° Je n'ai pas perdu de vue, comme l'avance ce magistrat,
» le décret du 16 février 1807 portant tarif de frais et dépens.

» 2° En sens inverse des expressions de M. l'avocat général,
» je réponds que ma règle a été, qu'elle est, et sera le tarif.

» 3° J'ai répondu quant aux matières sommaires.

» 4° J'ai également répondu quant aux matières ordinaires.

» 5° J'ai répondu dans le cours de ce mémoire au chef des
» extraordinaires, et veuillez ne pas perdre de vue que je n'ai
» jamais rien *alloué sans réserver de fait, de droit, les moyens des
» parties*.

» 6° J'ai répondu aux articles *vacations*, *écritures*, etc., en
» citant les articles 68, 75, 90, 92, 141, 145, etc., du tarif.

» 7° J'ai répondu au chef des référés.

» Mais je n'ai pas répondu, et je vais répondre à ces dernières expressions de M. l'avocat général.

» Le sieur Lacan, dit ce magistrat, *étant président du tribunal, était spécialement chargé de surveiller les abus en cette matière, et on peut le dire responsable de ceux qui s'y sont introduits.*

» Voici ma réponse :

» 1° Le président du tribunal a surveillé.

» 2° Il a réprimé les abus quand ils lui ont été connus, soit par le ministère public, soit même par le Ministère de la Justice, ou de toute autre manière.

» 2° Des années ont été consacrées à entendre à Bourges, là, et là, les murmures, les plaintes, les dénonciations des avoués contre le président et sa surveillance : combien de fois n'a-t-on pas dit que les taxes en étaient l'unique cause !

» Interrogez, Messieurs, les souvenirs de la Cour, particulièrement ceux de M. le premier président, ils vous diront mes efforts contre les abus et les taxes !

» Remarquez, voyez à défaut de faits et de raisons, les préjugés, les préventions, la calomnie inventer des prétextes, et les appuyer sur la fatale immixtion dans un même tribunal de fils, c'est-à-dire du fils de M. Née de Veaux, juge, de celui de M. Perrot, substitut, de celui de M. Bouquerot, juge suppléant; de gendres, c'est-à-dire du gendre du greffier en chef; et de neveux, c'est-à-dire du neveu du président.

» Consultez les arrêtés de la Chambre de discipline de mon tribunal, concernant des huissiers suspendus et destitués; et croyez qu'aucun des avoués coupables d'abus n'eussent été épargnés si les faits eussent été connus, ou, en d'autres termes, s'ils avaient été dénoncés par les autorités compétentes et surveillantes.

» Dans une affaire, je réduis à 60 fr. environ un mémoire d'huissier sommé à 400 fr. à peu près, à cause de transports et voyages ruineux; j'en réfère au Ministère de la Justice.

» Du 23 février 1810, réponse portant que les huissiers de
» Clamecy peuvent aller à Lormes, à Corbigny, à Brinon où il y a
» des huissiers, *et vice versa*, que ces derniers peuvent aller à
» Clamecy, où il y a des huissiers.

» Que dire? Assurément je surveillais. Sans réveiller une dou-
» loureuse affaire qui atteignait Me Bouquerot, l'un des huit avoués
» du tribunal de Clamecy, et neveu de M. Bouquerot Voligni,
» président à la Cour devant laquelle j'ai l'honneur de parler.
» Affaire pour des procédures, des frais et des taxes. Le moment et
» la circonstance me forcent, malgré moi, à vous dire, Messieurs,
» que pour une simple suspension des fonctions de cet avoué pen-
» dant un mois, je croyais avoir fait mon devoir, et un acte de
» surveillance.

» Qu'y ai-je gagné? des dénonciations, un volumineux mémoire
» imprimé, des chagrins, des tribulations, un arrêt infirmatif,
» cinq cents exemplaires d'affiches et des écritures sans fin et sans
» réponse, adressées au Ministère de la Justice. Veuillez, je vous
» en conjure, me plaindre; en vous parlant de cette affaire, je
» n'ai d'autre dessein que de représenter à M. l'avocat général,
» qu'en bonne conscience je ne puis répondre de tout, et
» cependant que pour réprimer autant que possible des abus, j'ai
» besoin d'être secondé, ou plutôt, j'ai essentiellement besoin,
» Messieurs, de votre estime et de votre adhésion.

» Que n'ai-je pas éprouvé de Me Boulu, autre avoué, pendant
» long-temps indocile, faisant descendre de leurs siéges les juges
» pour être témoins dans les affaires à juger et armé de récusations.
» Que de surveillance j'ai exercé envers celui-ci! vous le savez,
» Messieurs,..... cet avoué a obtenu des arrêts.... mais par respect
» je ne puis pas tout dire.

» Je cite ecore un exemple entre autres :

» En 1820, je règle à 50 ou 60 fr. un mémoire de près
» de 200 fr. présenté par un autre avoué, comme en matière or-
» dinaire. Suivant mon avis, la cause était sommaire. Pendant
» que j'étais à Bourges pour mon procès de 80,000 fr., ma taxe à

» été rectifiée, et l'avoué s'est fait payer 150 fr. A ma sollicitation,
» la partie devait se plaindre, elle ne l'a pas voulu, elle a mieux
» aimé payer.

» Eh bien! dans ce moment ne surveillais-je pas?

» Mais voici une preuve irréfragable et bien respectable de ma
» sollicitude.

» Je prie M. le premier président de se rappeler, que fréquem-
» ment je lui écrivais pour le bien du service : tantôt pour le local
» du tribunal, qui était dans un état déplorable, et qui peut-être y
» serait encore sans la bourse des avoués; tantôt j'écrivais pour la
» dignité du magistrat, et tantôt aussi pour l'ordre des affaires,
» pour cette épuration des juges en 1807. Enfin je demandai à
» M. le premier président un règlement, pour ainsi dire, afin
» de mettre dans le tribunal tout le monde d'accord sur les taxes.

» Le 27 juin 1808, M. le premier président me répond (j'ai
» l'honneur d'analyser sa lettre.):

» Pour parvenir à la taxe des frais, dit ce magistrat, il faut
» établir telle règle.

» Apparemment qu'à cette époque, j'étais en surveillance pour
» des abus; car M. le premier président me répond : « *Quand la*
» *liquidation est faite, le président n'a pas le droit de la réformer.*
» *Le juge reçoit de la loi le droit de taxe, et ce droit serait illusoire*
» *si le président pouvait changer la taxe.*

» Je vous prie, Messieurs, de redoubler toute votre attention
» sur la suite de la réponse.

» *Si le juge se trompe, les parties ont la voie d'opposition, et le*
» *tribunal décide.*

» Effectivement, voilà le principe, il n'y en a pas d'autre, et
» la Cour en fortifiera, sans doute, les argumens que j'ai tirés des
» jugemens, des taxes et exécutoires de dépens qui ne peuvent être
» attaqués que dans les formes légales.

» *Les parties*, dit M. le premier président, *ont la voix d'oppo-*
» *sition, et le tribunal décide.* »

» Si les parties ne s'opposent pas, les juges n'en auront donc pas
» moins un procès personnel, comme il arrive en ce moment ?

» Si on ne se pourvoit pas contre les avoués qui, à tout prendre,
» ont l'argent dans leurs poches, on se pourvoira donc contre les
» juges personnellement ?

» Les avoués continueront tranquillement leur profession, ils
» présenteront leurs requêtes, ils demanderont la justice, pendant
» que trois de leurs juges, exposés à plus ou moins de malignité
» de leur part, et aux regards du public et des justiciables, iront
» successivement, sur une sommation d'huissier, déposer aux pieds
» d'une Cour royale, leurs défenses, leurs alarmes et la somme
» de leurs dépenses ; ce tableau, Messieurs, doit vous affliger, et
» je ne doute pas que vous ne participiez à ma situation, ou plutôt
» à un procès dont les causes, qui me paraissent extraordinaires,
» doivent vous intéresser, et n'être pas indifférentes à tous les ma-
» gistrats du royaume.

» Est-il besoin de m'étendre davantage ?

» Cependant j'ajouterai cette esquisse :

» Depuis seize à dix-sept ans que je préside le tribunal de Cla-
» mecy, son local est décent par des soins, des sacrifices, de faibles
» allocations, qui ne coûtent ni au gouvernement, ni aux adminis-
» trations, quelques sollicitations que j'aie faites.

» Par un travail du matin au soir, sur plus de 2,500 affaires an-
» nuellement, il en est expédié 16 à 1,700. Les registres sont fidèle-
» ment et soigneusement tenus.

» A la seule apparence des abus, je suis, au moins en mon parti-
» culier, toujours disposé à les réprimer ; mais il faut me les faire
» connaître, les dénoncer au tribunal, et renoncer, jusqu'à un
» certain point, à ce confidentiel et à ce mystère qui ont établi des
» réputations, et qui en feront d'autres au détriment des malheu-
» reux et pauvres juges. Les lois, les codes et les tarifs sont sous
» leurs yeux, et la règle de leurs fonctions.

» Si vous en ajoutez d'autres, c'est-à-dire si vous montrez aux
» juges des erreurs et des irrégularités, pouvez-vous douter que le

» véritable magistrat ne s'empresse de les prévenir, et même qu'il
» ne vous en ait obligation ?

» Du reste, Messieurs, je prends mon parti sur les événemens
» qui suivent ma carrière ;

» Sur la modeste place que je possède, hérissée cependant de
» peines et de chagrins ;

» Sur les préjugés, les préventions, les plaintes, les délations,
» les calomnies ;

» Sur cette inamovibilité judiciaire légalement inattaquable, et
» de fait attaquée en troublant la tranquillité et l'honneur d'un
» magistrat ;

» Sur cette exiguë rétribution ou indemnité attachée à mon titre,
» pour lequel je sacrifie mon repos, mon aisance, les dépenses du
» moment et toutes celles que les circonstances peut-être pourront
» m'occasioner.

» Je prends mon parti sur cette éternelle inimitié des plaideurs,
» et de beaucoup de gens du monde emportés par leurs diverses
» opinions, et surtout par l'ambition ;

» Sur l'indifférence, tout au moins, dont une vieille et constante
» fidélité, et les sentimens religieux sont récompensés ;

» Enfin sur les erreurs, les méprises, les passions et les sur-
» prises auxquelles sont exposés les hommes.

» Mais vous, Messieurs, vous, magistrats formant une Cour
» royale, daignez, je vous prie, considérer ma situation.

» Que désirez-vous ; de réformer des abus ?

» Je le désire non moins vivement.

» Que désiré-je encore moi-même ?

» De me les faire désormais connaître, ces abus, et de me
» soutenir dans mon zèle et dans mes efforts.

» Sous ce point de vue, Messieurs, votre but est et sera
» scrupuleusement rempli.

» Je prie M. l'avocat général de fondre, pour ainsi dire, les
» formes de ses réquisitoires dans les franches explications que
» je viens de donner, et de les mettre d'accord avec cette cha-

» touilleuse délicatesse dont le véritable magistrat est jaloux,
» et avec les cœurs sensibles et les sentimens d'affection que
» doivent lui attirer les hautes fonctions qu'il exerce.

» Je prie la Cour royale d'agréer mon dévouement et mon
» respect. »

De bonne foi, je me persuadais que j'avais répondu à tout ce qu'exigeaient de moi l'arrêté du 23 février et la sommation de l'huissier.

Mais M. le premier président et M. l'avocat général m'ont engagé dans une discussion de quatre heures et qui a roulé sur des constitutions d'avoués, des avenirs, des droits de mises au rôle, des conclusions, des assistances aux audiences, des vacations, des écritures de 2, de 4 rôles, des mémoires au ministère public, quelques allocations, surtout pour payer environ 2,400 fr. ou 2,800 fr. avancés par les avoués pour des dégradations, des réparations, et pour avoir des bancs, des tables, en un mot toutes choses nécessaires pour représenter et rendre la justice ; 2,400 fr. ou 2,800 fr., objets des deux arrêtés pris par le tribunal, les 20 juillet 1811 et 27 août 1815 : signés par MM. Lacan, Cassard, Née de Veaux, Bouquerot, Hereau, Barbier-Grandpré, Dupin, Perrot et Millelot, juges, juges suppléans, procureur du roi, substitut et greffier.

Quel qu'ait été mon tourment, au point d'avoir dit que j'étais plus affecté que fatigué, je crois avoir répondu d'une manière satisfaisante à toutes les demandes ; et peut-être ai-je répondu d'une manière un peu étonnante, si l'on considère que nous n'avions, les uns et les autres, aucunes pièces, et que j'ai puisé mes ressources dans une mémoire que le temps et des milliers d'affaires auraient pu affaiblir. En cette partie, il est possible que j'aie fait des erreurs, comme en matière de taxes, *errare humanum est* ; mais il est impossible dans une affaire aussi grave que l'on puisse me reprocher de n'avoir pas été constamment un magistrat dévoué à la justice et à la délicatesse.

A 5 heures et demie du soir, la séance a été remise à 8 heures, après, toutefois, l'aveu ou la déclaration de M. le premier président, et qu'il m'a adressée, qu'il était fâché de la séance, mais qu'elle avait lieu *en vertu d'ordres d'en haut.*

A cette heure jusqu'à 11, j'ai signé la rédaction d'un procès verbal auquel j'ai prié la Cour d'ordonner la jonction de mon mémoire, et j'ai signé avec les expressions qui étaient et qui sont dans mon droit, expressions d'ailleurs commandées par l'enchaînement d'un réquisitoire du 14 novembre, d'un référé du 23, des instructions du 15 janvier, et des dispositions des articles 49, 50 et 56 de la loi du 20 avril 1810, j'ai signé en réfléchissant en moi-même que spontanément ma personne, ma réputation et mes fonctions, en un mot que tout ce que j'ai de plus cher pouvait être anéanti. J'ai donc signé comme il suit :

« Avant de signer, je déclare que je persiste dans les moyens
» exposés au mémoire lu à la Cour, et dont elle a ordonné la
» jonction au présent; je déclare en outre que ce n'est que par
» franchise, par ma déférence et par mon respect pour la Cour,
» que je suis entré dans les présentes explications. »

Le lendemain, 5 heures du matin, j'ai quitté la ville de Bourges, pour me recueillir et me préparer à l'exercice d'une nouvelle vertu, pour rendre la justice à Clamecy.

M. Née de Veaux, mon collègue, à son tour est parti pour me remplacer; et, à son retour, M. Cassard, mon autre collègue, s'est également rendu à la citation de l'huissier.

Au 1er avril, voilà M. Cassard de retour, avec la relation, comme M. Née de Veaux, de sa comparution et de ses effets. Qu'ont pu dire ces deux magistrats ?

Chacun a comparu pour lui-même; les deux arrêtés des 20 juillet 1811 et 27 août 1815, concernant les 2,000 et 300 fr. avancés par les avoués, leur sont communs.

Au fond, où est la pensée ? où en est le résultat ?

C'est au 13 avril qu'est restée cette grave affaire : à cette époque je puis dire :

Que m'importe maintenant la mesure que l'on peut prendre ? Soit qu'elle tourne au profit de l'instruction en fait de taxes de frais et dépens, soit qu'elle témoigne le pouvoir d'une Cour royale sur un tribunal de première instance, ma personne et ma réputation sont ce que j'ai le plus à cœur de défendre; il s'agit, pour l'avenir et pour toute autre circonstance, de les préserver même de l'ombre du doute. Je n'abandonnerai pas ma place, parce qu'elle est inhérente à ma conduite, à cette réputation que je veux conserver, et qui au moins ne la dépare pas ; mais je sollicite tout lecteur de s'interposer dans cette conjoncture entre une assertion d'erreurs relatives à des taxes, et des erreurs plus majeures, et dont les conséquences sont dangereuses. Je le sollicite encore de se convaincre que dans ce mémoire je n'ai pas écrit un mot qui ne soit vrai en principe, en fait et en sentimens, et que désormais en France il n'y aurait ni hiérarchie, ni magistrature, ni inamovibilité, ni charte, ni lois, si les actes dirigés contre le tribunal de Clamecy pouvaient prévaloir.

Cependant je sais que les préjugés et les préventions qui forment tout le fond de cette importante affaire, que l'on associe à la position du sieur Quenisset, mon neveu, et cela pour calomnier plus vivement, paraissent être dirigés particulièrement contre le président du tribunal de Clamecy que l'on veut rendre responsable des actions d'autrui.

On répète toujours la même chose sur les erreurs, les irrégularités et les allocations en fait de taxes.

On feint, ou on ne veut pas entendre l'objet des deux arrêtés des 20 juillet 1811 et 27 août 1815, exécutés par tous les juges du tribunal et par les avoués. En voici la transcription.

EXTRAIT du Registre des délibérations du Tribunal civil séant à Clamecy.

CEJOURD'HUI vingt juillet mil huit cent onze, le tribunal de première instance séant à Clamecy département de la Nièvre, réuni en la chambre du conseil ;

Présens : MM.

LACAN, président;
CASSARD, juge;
BARBIER-GRANDPRÉ, juge;
BOUQUEROT, HÉREAU et NÉE DE VEAUX, juges suppléans;
DUPIN, procureur du roi;
PERROT, substitut;
Et MILLELOT, greffier;

Tous légalement convoqués:

Il a été exposé que par décret de l'assemblée constituante du 19 juillet 1791, sanctionné le 25, « Le directoire du district de » Clamecy a été autorisé à acquérir, aux frais des administrés, de » M. de Nivernais, moyennant la somme de quinze mille livres, » prix convenu entre lui et le directoire, l'ancien auditoire de la » ci-devant justice seigneuriale de Clamecy, et bâtiment en dé- » pendant, pour y placer le corps administratif du district et le » tribunal ; et à faire procéder à l'adjudication au rabais des ou- » vrages, et arrangemens intérieurs nécessaires à ces établisse- » mens, sur les devis estimatifs qui en ont été dressés par le sieur » Paillard, les 13 et 18 février précédens, pour le montant de la » dite adjudication, être aussi supporté par lesdits administrés. »

Que par acte passé devant Me Bonhomme, notaire à Clamecy, le 12 novembre 1792, la maison désignée dans le décret a été vendue par l'ancien duc de Nivernais, aux administrateurs du directoire du district, alors établi à Clamecy.

Que pour observer toutes les règles, la municipalité de la ville.

s'est mise en possession d'une partie considérable et commode de cette maison.

Que l'autre partie *a été laissée au tribunal*, qu'elle consiste en une grande pièce, et deux petites pièces, dont l'une sert de chambre du conseil, et l'autre de greffe.

Qu'il est impossible de voir un bâtiment dans un état plus *déplorable* et plus déshonorant pour les autorités qui y exercent leurs fonctions, qu'à certains *égards il présente même du danger, au rez-de-chaussée il existe des lézardes, et des poutres qui menacent ruine;* des ouvertures même ne sont ni vitrées, ni fermées. La pièce destinée au greffe est si étroite que l'on ne peut y déposer tous les papiers. La chambre du conseil est tout à la fois une succursale du greffe; le cabinet de M. le juge d'instruction, celui de M. le procureur du roi, celui des juges, et le vestiaire sont dans le plus mauvais état. Au premier étage, tout est dans une dégradation telle que l'on ne peut même y entrer et y marcher sans le plus grand danger; à peine si les toitures sont entretenues. Souvent les eaux pluviales pénètrent dans la salle d'audience. Dernièrement, M. le substitut de M. le procureur du roi a failli être écrasé par la chute d'un nombre considérable de tuiles.

Que cet ordre de choses subsiste, et n'a fait que s'aggraver depuis 1791.

Que *provisoirement, il a été employé en mobilier et en réparations pour la partie occupée par le tribunal, une somme d'environ deux mille francs ;* mais que cet emploi n'est dû qu'au zèle, aux sacrifices personnels, et à la propre dignité des membres composant le tribunal, et ne coûte *rien aux administrés.*

Que quelles qu'aient été les réclamations des membres du tribunal, ils n'ont jamais pu rien obtenir des autorités municipales et de l'autorité administrative locale.

Qu'ils ont observé que toutes les dépenses et toute la sollicitude avaient été portées sur un hôtel pour la sous-préfecture, et qu'à leur égard ils n'avaient joui que de leur propre considération.

Que cependant en 1808 ils se sont adressés à M. de Plancy, alors préfet du département.

Qu'en conséquence d'une lettre de ce magistrat, il a été dressé un plan et un devis estimatif des lieux montant à dix mille six cent cinquante-huit francs.

Que communication donnée de cette opération, les choses sont constamment demeurées dans le même état.

Qu'il en a été référé à M. de Breteuil, maintenant préfet et en séjour à Clamecy, qui n'a pu donner que des promesses.

Qu'il en a été pareillement référé plusieurs fois à la *Cour royale de Bourges*, mais que tout reste *in statu quo*.

Que cependant dans ces conjonctures pénibles pour des magistrats, rien n'est plus urgent que de statuer sur leurs représentations et leurs réclamations.

Guidée par la juste confiance qu'elle doit à son excellence le grand juge ministre de la justice;

La chambre décide qu'à la diligence de M. le procureur du roi, il sera adressé à son excellence :

1° Expédition du présent arrêté;

2° L'expédition du contrat d'acquisition du 12 novembre 1791;

3° Une lettre de M. de Plancy, sous la date du 26 août 1808;

4° Un plan et un devis dressés en conséquence, à l'effet de prier son excellence de donner les ordres nécessaires, pour qu'il soit fait droit aux réclamations de la chambre.

Fait et arrêté lesdits jour et an.

Signé au registre : LACAN, président ; BARBIER-GRANDPRÉ, et CASSARD, juges; HÉREAU, juge suppléant; DUPIN, procureur du roi; PERROT, substitut ; et MILLELOT, greffier.

Pour expédition délivrée à M. le président du tribunal, ce requérant.

MILLELOT, *greffier.*

EXTRAIT du Registre des délibérations du Tribunal civil séant à Clamecy.

CEJOURD'HUI vingt-sept août mil huit cent quinze, le tribunal civil séant à Clamecy, réuni en la chambre du conseil ;

Présens : MM.

LACAN, président ;
CASSARD et BARBIER-GRANDPRÉ, juges ;
BOUQUEROT et NÉE DE VEAUX, suppléans ;
PERROT, substitut de M. le procureur du roi ;
et MILLELOT, greffier :

A mis en délibération l'objet important du nouveau local qu'il occupe pour remettre la justice en activité ;

Sur quoi, ouï le substitut du procureur du roi ;

Et après délibéré :

Considérant, 1° que l'ancien local du tribunal depuis trop long-temps a été, et qu'il est encore envahi par les *troupes alliées* en station dans cette ville ; qu'à cette occasion les fonctions du tribunal ont cessé.

2° Que ce local a été et fut toujours dans un état tellement *déplorable*, qu'il menace ruine de toutes parts, et que, d'ailleurs, son enceinte est si bornée, qu'il est physiquement impossible de se livrer à aucun travail, soit pour les juges, soit pour le juge d'instruction, le parquet et le greffe, puisque, jusqu'à ce jour, il n'a pas même été possible de recevoir en dépôt les registres des anciens tribunaux de l'arrondissement et de l'état civil.

3° Considérant que sur les réclamations faites par *M. le président du tribunal*, il lui aurait été indiqué une salle dépendante de la maison d'hospice, mais qu'après en avoir fait usage pendant quelques jours, il aurait été reconnu qu'elle était impraticable, comme étant isolée, et d'ailleurs destinée au service dudit hospice.

4° Considérant, qu'après de nouvelles réclamations de *M. le président du tribunal*, pour obtenir un autre local convenable, il aurait été répondu que dans cette ville il n'existait qu'un bâtiment servant précédemment à la sous-préfecture, aujourd'hui vacant, et par conséquent n'étant directement ni indirectement occupé par personne, excepté par les établissemens de la justice de paix, du tribunal de commerce, et la gendarmerie royale.

Que dans cet état de choses, à raison de ce qu'il importe que le cours de la justice ne soit pas plus long-temps interrompu, et que le tribunal ait *un prétoire convenable* et assez étendu.

Enfin, considérant que depuis plusieurs jours cédant à l'impérieuse nécessité, le tribunal a pris possession de ce local vacant, que déjà il y a tenu des audiences et séances ; que M. le juge d'instruction et le ministère public y exercent continuellement leurs fonctions ; et que, d'un autre côté, une grande partie des archives du tribunal y est transportée.

Le tribunal arrête qu'il continuera à exercer ses fonctions dans ledit local ; que pour cet effet *les lieux seront incessamment disposés suivant l'usage, et d'une manière convenable, tant pour son service que pour celui des avocats, des avoués, des greffiers, huissiers et pour le public* : qu'à cet égard, il sera dressé par gens de l'art des états estimatifs qui seront présentés à l'autorité compétente pour *être ordonnancés et soldés par qui de droit.*

Signé au registre : LACAN, président; BARBIER-GRANDPRÉ et CASSARD, juges; BOUQUEROT et NÉE DE VEAUX, juges suppléans; PERROT, substitut; et MILLELOT, greffier.

Pour expédition délivrée à M. le président du tribunal, ce requérant.

MILLELOT, greffier.

C'est un fait qu'en exécution du premier arrêté, les avoués ont avancé plus de 2,000 fr. ;

Et qu'en vertu du second, ils ont fait une avance de plus de 300 fr.

Il est encore un fait, c'est qu'il y en a qui n'ont point été, et qui ne seront jamais remboursés aux avoués, du moins cela m'a été dit.

(30)

Je serais bien malheureux si ce point de fait tant dit, et redit, n'était pas enfin fixé ; je le serais encore bien davantage si la vérité qui doit découler des lèvres du magistrat comme de la bouche des ministres de Dieu, était une source empoisonnée : j'ai déclaré naïvement à la Cour de Bourges, que quelques allocations extraordinaires avaient eu pour objet l'exécution des deux arrêtés, et j'ai ajouté que je ne savais pas mentir ; est-ce donc là un crime !

A l'égard du greffier du tribunal de Clamecy, je ne dirai qu'un mot, c'est que par sa probité, son intelligence et son travail, il est digne de toutes les attentions, qu'il est indispensablement nécessaire ; qu'il est un puissant aide pour trois titulaires surchargés d'un travail considérable, et que le ministère public de Clamecy l'associa pour ainsi dire à ses opérations, tant les détails sont multipliés pour l'expédition de 16 à 1700 affaires annuellement.

Insensiblement, ce mémoire devient une espèce de journal.

Une lettre de M. le premier président de la Cour de Bourges m'est arrivée.

J'ai lu les réflexions de ce magistrat, sur ce procès engagé de tant de manières avec la Cour elle-même ; ici, je n'en extrairai que cette phrase.

« *Vous êtes, monsieur, très-laborieux, vous avez de l'activité,*
» *du courage, de l'exactitude, la Cour est loin de penser que dans*
» *vos erreurs, vous ayez été guidé par des vues d'intérêt personnel.* »

J'ai répondu aussitôt à M. le premier président, j'ai écrit à M. Torchon, premier avocat général, et j'ai adressé une notice à chacun des membres de la Cour ; un exprès est parti, et aujourd'hui 15 avril j'en attends le retour pour voyager moi-même, dussé-je compromettre la fortune et la vie, en faveur du repos et de l'honneur.

Au retour de mon messager, me voilà dans une nouvelle attente.

En attendant, les 16, 19, 21 et 22 avril, j'écrivis à Bourges et à Paris : je me disposais à voyager, surtout vers la capitale, mais le 28, monseigneur le Garde des sceaux en m'écrivant, me prescrivit d'*attendre avec confiance et respect, la décision de la Cour de Bourges.*

Précédemment, M. Torchon, premier avocat général, partie constamment requérante dans tout le cours de cette affaire, m'avait mandé que le *caractère dont je suis revêtu, et les fonctions importantes que je remplis, ne seraient point un instant perdus de vue.*

Tout cela rapproché de la lettre de M. le premier président, qui faisait mon éloge sur le travail, l'activité, le courage et l'exactitude, pouvait me tranquilliser.

Maintenant que dois-je penser?

Quel jugement a été rendu?

Dans le principe, fallait-il former une tierce opposition à l'arrêt du 4 août 1821, 400 fois placardé, sans avoir entendu les juges?

Fallait-il exposer à la Cour ma situation, sous le rapport des antécédens à l'affaire du sieur Quenisset, et à celle des taxes?

Fallait-il objecter à la Cour, que je m'étais pourvu à la Cour de cassation, et par des protestations?

Fallait-il me dispenser de me rendre à Bourges, où j'ai fait entendre le langage de la franchise et de la vérité, d'où dérive cependant contre moi une affreuse aggression?

Je demeure dans mes foyers sur la foi des lettres, et c'est quand je ne dois point agir, et qu'une prudence et une modération peu ordinaires me semblaient complaire, c'est dans ce moment que je suis jugé.

Et comment jugé, dans quelles formes?

Je ne vois ici qu'une seule autorité, une mercuriale, un arrêté, un référé, des instructions, encore des référés, des rapports, tout est lié, tout est inséparable, entre les diverses autorités qui requièrent, qui délibèrent, décident et approuvent.

Contre des décisions de ce genre, il n'y a donc pas d'appel et de pourvoi?

Précisément parce que je suis magistrat, je serai donc moins que le simple justiciable, qui parcourt différens degrés, qui se défend, et se fait défendre publiquement?

Parce que je suis magistrat, en un instant, pour de simples erreurs, je perdrai place, biens, l'existence civile, la réputation et l'honneur;

Et que devient donc, ou que deviendra donc le principe si formellement consacré par la loi fondamentale sur l'inamovibilité des juges, si, d'une part, à force de les critiquer et censurer on les dégoûte, si on peut les suspendre de leurs fonctions, et, d'autre part, si on peut les traduire à la Cour de cassation pour les faire destituer?

Avec la doctrine de la Cour royale de Bourges qui voit que le juge manque à la dignité de son caractère en commettant des erreurs de taxes, quel juge sera désormais à l'abri de la censure, de la suspension et de la destitution? les taxes et les jugemens qui ont une parfaite affinité entre eux, ne peuvent être attaqués que par des oppositions et des appels, j'ai émis cette opinion dans laquelle je persévère.

Au surplus si l'opinion contraire prévaut, ou, en d'autres termes, si les Cours royales et le Ministère de la Justice ont le pouvoir qui vient d'être exercé à l'égard du tribunal de Clamecy, je demande au moins un remède contre les préjugés, les préventions, la malignité et la déconsidération qui peuvent atteindre la personne des juges.

Je professe hautement qu'après avoir défendu de tout mon pouvoir la place que je tiens du Roi, je défends, et que je défendrai avec non moins de courage, ma personne, ma famille, mon honneur, mes principes, mes sentimens et ma réputation.

Je ferai tous mes efforts, j'écarterai, si je le puis, la foule qui environne le trône de Saint-Louis, pour faire entendre mes plaintes et les accens d'un Français dévoué, et d'un magistrat digne d'un meilleur sort, après 17 ans d'exercice avec probité, intégrité, et l'observance stricte de tous ses devoirs.

Je tiens en réserve d'autres faits, d'autres circonstances, et d'autres pièces qui me serviront au besoin, et que je pourrai mettre avec confiance en parallèle avec les persécutions et les persécuteurs.

Le 27 mai 1822. LACAN.

De l'Imprimerie de L.-T. CELLOT, rue du Colombier, n° 30.

www.ingramcontent.com/pod-product-compliance
Lightning Source LLC
Chambersburg PA
CBHW060604050426
42451CB00011B/2075